NEW EDITION

DonQuijote de la Mancha

Miguel de Cervantes

Adapted for intermediate students by

William T. Tardy

Glencoe McGraw-Hill

New York, New York   Columbus, Ohio   Chicago, Illinois   Peoria, Illinois   Woodland Hills, California

Cover art: Corey Wilkinson
Interior illustrations: Clint Hansen

Glencoe/McGraw-Hill
A Division of The **McGraw·Hill** *Companies*

ISBN : 0-658-00571-5

4 5 6 7 8 9 10 11 12 069 10 09 08 07 06 05 04 03

Send all Inquiries to:
Glencoe/McGraw-Hill
8787 Orion Place
Columbus, OH 43240

Contents

Capítulo IV

Capítulo V

Capítulo VI

Capítulo VII

Vocabulario

Introduction

Miguel de Cervantes Saavedra, author of *El ingenioso Don Quijote de la Mancha*, and one of the greatest prose writers of all time, was the fourth child of a surgeon, Rodrigo Cervantes, and Leonor de Cortinas. Cervantes was born in the university town of Alcalá de Henares, Spain, in 1547.

While practically nothing is known of his childhood or youth, at the age of twenty-two Cervantes went to Italy, where he served a number of years in the Spanish army. In 1571 he fought in the great naval battle of Lepanto, which was waged in the Greek Gulf of Lepanto and successfully pitted Spanish, Vatican, Genoese, and Venetian ships against the Turks. Cervantes distinguished himself by his bravery and was shot in the chest and permanently maimed in his left hand.

In 1575, while sailing home to Spain from Palermo (Italy), he was captured by Turkish pirates, sold into slavery, and kept in prison in the North African city of Algiers until ransomed by his friends five years later. During his imprisonment, he bravely risked his life to save his fellow prisoners.

At the age of thirty-seven, Cervantes married Catalina de Salazar, who was only nineteen. Shortly after his marriage, he published his first work, a pastoral romance, *La Galatea*. During the next three years, he wrote twenty or thirty plays that met with some success; of these, only a few have survived.

In 1587 Cervantes worked in the commissary department of the Spanish government, collecting supplies for the Invincible Armada. After the defeat of the Armada by the English he lived for a while in Seville, still in the employ of the government. While in Seville, he was twice imprisoned for mismanagement of funds.

Between the years 1600 and 1604, Cervantes wrote the first volume of *El Quijote* to poke fun at the popular literature of his time: stories that dealt with the adventures and chivalric deeds of knights. His book was so well received—and imitated—that Cervantes wrote a second volume to finish the story. The two volumes together are recognized not only as one of the very first novels ever written, but also as one of the most widely read and translated.

Novice writers are frequently told "Write what you know about." Although by no means a novice, Cervantes certainly heeded this advice when embarking upon the writing of *Don Quijote de la Mancha*, for we see Cervantes's life reflected in that of the hapless knight errant. When Cervantes began to write the famous novel, he was a disillusioned man of fifty-eight. He had fought in the Spanish army in the Battle of Lepanto in Greece against the Turks. Later, working as a tax collector for the King, he was unjustly jailed because of alleged irregularities in his accounts. Physically worn down by age and the loss of an arm in his military forays, and mentally and emotionally strained by his imprisonment, Cervantes longed for a world of righteousness and peace. Thus we have the beginnings of one of the most famous characters in all world literature.

Little is known of Cervantes's life or whereabouts during the period in which he wrote the first volume of *El Quijote*; he was probably living either in Toledo or at the home of his wife in Esquivias, near Toledo. His wife did not accompany him during his many travels through Spain. After publishing the first volume of *El Quijote*, Cervantes spent two years in Valladolid, a city in northern Spain, and then moved from there to Madrid where he lived and wrote until his death in April 1616, the same month and year in which Shakespeare died. A year before his death, Cervantes published *Novelas ejemplares*, a collection of twelve short novels that depict life in early seventeenth-century Spain. Cervantes called these delightful novels *ejemplares* to point out there is always a lesson to be drawn from these stories, which he intended to be didactic, or informative, as well as entertaining.

The life of Cervantes was a long battle against poverty. Though as a soldier he fought bravely, he received no promotion from the ranks; consequently his pay was always low. As a government employee he was both poorly and infrequently paid. While *El Quijote* and other literary masterpieces brought him fame, he was just as poor after their publication as before. He was forever in debt and frequently found it necessary to borrow money from his friends for the barest necessities of life.

This adaptation of the first chapters of *Don Quijote* brings "the Knight of the Sorrowful Countenance" and his squire, Sancho Panza, to the intermediate Spanish classroom. Cervantes's prose has been simplified without losing the flavor of the original.

In this new edition, each of the chapters into which the novel has been divided is preceded by a prereading activity that will encourage students to use their prior knowledge and critical thinking skills to make their own special connection to the story. And each short, manageable section within each chapter is followed by a variety of comprehension activities to ensure student understanding. Students will be asked some general objective questions based on what is going on in the chapter; they also might have to sequence events described in the reading or decide if given statements are true or false, correcting the false information and occasionally citing words and phrases from the text to support their thinking. There is also a *¿Qué opinas?* section that appears after every section within a chapter and foments classroom discussion. The new, open design of this edition is more inviting to students, and the completely new illustrations are superb visual aids that will enhance their reading enjoyment. Each passage is thoroughly annotated; students will not be mystified by obscure cultural references. To avoid looking up unfamiliar terms in a dictionary, difficult vocabulary is glossed at the foot of the page and then recollected, along with other words, in the Spanish-English *Vocabulario* at the back of the book.

Antes de leer: *En este capítulo verás quiénes son los héroes de don Quijote. ¿Crees en el concepto del héroe? ¿Hay héroes hoy en día? ¿Quiénes son? Discute tus ideas con tus compañeros de clase.*

Capítulo I

¿Quién era don Quijote?

En un lugar de la Mancha (España) vivía un hidalgo.°

Tenía en su casa una ama° que pasaba de los cuarenta años de edad y una sobrina que no llegaba° a los veinte.

La edad de nuestro hidalgo frisaba° con los cincuenta años. Era de complexión recia,° seco de carnes,° enjuto de rostro,° gran madrugador° y amigo de la caza.°

Tenía el sobrenombre de Quijada o Quisada. En esto hay alguna diferencia entre los autores que escriben de este caso. Pero esto importa poco a nuestro cuento.

Es de saber que este caballero,° los ratos que estaba ocioso° (que eran los más del año), se daba a leer libros de caballería° con tanta afición que poco a poco perdía el juicio.°

En efecto, rematado° ya su juicio, vino a dar en el más extraño pensamiento que jamás dio loco en el mundo.

Fue que le pareció convenible° y necesario, así para el aumento° de su honra como para el servicio de su patria, hacerse caballero andante.°

Pues debía irse por todo el mundo, con sus armas y caballo, a buscar aventuras y a ejercitarse en° todo aquello que él había leído que los caballeros andantes se ejercitaban, deshaciendo° todo género de agravio.°

---

hidalgo gentleman, nobleman	**enjuto de rostro** with a lean face	**rematado** totally destroyed
ama housekeeper	**madrugador** early riser	**convenible** appropriate
no llegaba was not yet	**caza** hunting	**aumento** increase
frisaba bordered	**caballero** gentleman, knight	**caballero andante** knight errant
complexión recia strong constitution	**ocioso** idle	**ejercitarse en** to engage in
seco de carnes lean	**caballería** knight-errantry	**deshaciendo** undoing
	juicio judgment, mind	**agravio** wrong, offense

Comprensión

A. Contesta las siguientes preguntas.

1. ¿Dónde vive don Quijote? ¿Sabes dónde está este lugar?
2. ¿Cuántos años tiene?
3. ¿Con quiénes vive?
4. ¿Cómo es don Quijote físicamente? Según las ilustraciones que habrás visto de él, ¿qué te parece?
5. ¿Cuál es la gran afición de don Quijote?
6. ¿Cómo describirías su estado mental?

B. ¿Qué opinas?

1. ¿Cómo perdió el equilibrio mental don Quijote?
2. ¿Crees que libros, películas y programas de televisión pueden tener un efecto profundo en las personas? ¿Crees que el efecto puede ser tanto positivo como negativo? Explica tu punto de vista.

Los preparativos que hizo para convertirse en caballero andante

Habiendo tomado la determinación de convertirse en caballero andante, se dio prisa° a poner en efecto lo que deseaba.

Lo primero que hizo fue limpiar unas armas que habían sido de sus bisabuelos.° Después de limpiarlas, las reparó con cartón,° barras de hierro° y cintas.°

Fue luego a ver su rocín° —animal viejo, flaco, feo y de poco valor— pero el que parecía a su amo° ser más valioso que el Bucéfalo de Alejandro Magno[1] o el Babieca del Cid.[2]

Cuatro días se le pasaron en imaginar qué nombre le pondría; porque (según se decía a sí mismo) no era razón que caballo de caballero tan famoso, y tan bueno él por sí, estuviese° sin nombre conocido.

---

se dio prisa he hurried	**cartón** cardboard	**rocín** nag
bisabuelos great-grandparents	**hierro** iron	**amo** master
ents	**cintas** ribbons	**estuviese** should be

[1] Bucephalus, the famous horse of Alexander the Great (356–323 B.C.), King of Macedonia and one of the greatest generals in history

[2] Babieca, the famous horse of Rodrigo Díaz de Vivar, el Cid (1043–1099), the epic hero of Spain in the Reconquest

Al fin lo vino a llamar Rocinante, nombre, a su parecer,° alto, sonoro y significativo de lo que había sido cuando fue rocín.

Puesto° nombre a su caballo, y tan a su gusto, quiso ponérselo a sí mismo. En este pensamiento gastó° ocho días, y al cabo° vino a llamarse don Quijote.

Comprensión

A. Contesta las siguientes preguntas.

1. ¿Por qué tenía prisa don Quijote?
2. ¿De quiénes habían sido las armas?
3. ¿Qué hizo después de reparar sus armas?
4. Describe el caballo de nuestro hidalgo.
5. ¿Cómo se llamaban los caballos de Alejandro Magno y del Cid?
6. ¿Cuánto tiempo tardó en ponerle nombre a su rocín?
7. ¿Cuántos días pasaron en ponerse nombre a sí mismo?

B. Indica si las siguientes oraciones son ciertas (C) o falsas (F). Corrige la información falsa.

1. El caballo de don Quijote era magnífico.
2. Don Quijote creía que su caballo era fuerte y hermoso.
3. Las armas de don Quijote estaban en perfectas condiciones.
4. A don Quijote se le ocurrió qué nombre ponerle al caballo instantáneamente.
5. Don Quijote estuvo mucho tiempo pensando en cómo debe llamarse.

C. ¿Qué opinas?

1. ¿Tienes mascota? Si así es, ¿cómo llegaste a ponerle nombre? ¿Tardaste mucho en pensar en el nombre? ¿Alguien te ayudó a pensar en el nombre?
2. ¿Tienes sobrenombre o apodo? ¿Cuál es? ¿Por qué te lo han puesto? ¿Te gusta o no? ¿Por qué?
3. ¿Por qué crees que a la gente le gusta dar a los demás sobrenombres o apodos?

————⤛◆⤜————

a su parecer in his opinion	**Puesto** Having given **gastó** spent	**al cabo** finally

La búsqueda de una dama de quien enamorarse

Pues, acordándose que el más célebre de los caballeros andantes, Amadís de Gaula, no sólo se había contentado con llamarse Amadís a secas,° sino que añadió el nombre de su patria, por hacerla famosa, y se llamó Amadís de Gaula, así quiso nuestro hidalgo, como buen caballero, añadir al suyo el nombre de su patria.

Así se llamó don Quijote de la Mancha, con que, a su parecer, declaraba su linaje y patria, y honraba a ésta con tomar el sobrenombre de ella.

Limpiadas y reparadas, pues, sus armas, y puestos nombres a su rocín y a sí mismo, no le faltaba otra cosa sino buscar una dama° de quien enamorarse;° porque el caballero andante sin amores era árbol sin hojas° y sin fruta, y cuerpo sin alma.°

En un lugar cerca del suyo vivía una moza labradora de muy buen parecer, de quien un tiempo él anduvo enamorado, aunque ella jamás lo supo.

Se llamaba Aldonza Lorenzo, pero don Quijote determinó darle título de señora de sus pensamientos. Después de mucho pensar, vino a llamarla Dulcinea del Toboso, porque era natural del Toboso: nombre, a su parecer, músico y significativo, como todos los demás que a él y a sus cosas había puesto.

Comprensión

A. Contesta las siguientes preguntas.

1. ¿Quién había sido el más famoso de los caballeros andantes?
2. ¿Qué quiso nuestro hidalgo añadir a su nombre? ¿Por qué?
3. ¿Quién era «árbol sin hojas y sin fruta, y cuerpo sin alma»?
4. ¿Dónde vivía la labradora? ¿Cómo se llamaba?
5. ¿Qué decidió llamarla don Quijote? ¿Por qué?

B. Indica si las siguientes oraciones son ciertas (C), falsas (F) o si hay insuficiente información (IS) para saberlo. Corrige la información falsa.

1. Parece que Gaula es un lugar.
2. Amadís era un famoso caballero andante.

---

a secas simply, singly	**de . . . enamorarse** to fall	**hojas** leaves
dama lady	in love with	**alma** soul

3. La Mancha está en el norte de España.

4. Don Quijote ya está preparado para ir a buscar aventuras.

5. Lo único que necesita don Quijote para completar su imagen es una mujer a su lado.

6. La mujer de quien don Quijote estuvo enamorado es una señorita rica y elegante.

7. La mujer se llama Dulcinea de Gaula.

8. Aldonza tiene unos 30 años.

C. ¿Qué opinas?

1. Busca en un mapa de España la región que se llama la Mancha. ¿En qué parte del país está? También busca fotos de la región o en un libro de referencia sobre España o usando el Internet. ¿Cómo describirías la región?

2. ¿Qué crees que pasará cuando don Quijote hable con Aldonza Lorenzo? Compara tus ideas con las de tus compañeros de clase.

Antes de leer: *Piensa en una aventura que te gustaría tener. ¿Qué preparativos tendrías que hacer? Compara y contrasta tu aventura con la de don Quijote.*

Capítulo II

Don Quijote hizo su primera salida

Hechos,° pues, estos preparativos, sin dar parte° a persona alguna de su intención y sin que nadie lo viese,° una mañana, antes del día, que era uno de los calurosos del mes de julio, se armó de todas sus armas, subió sobre Rocinante y salió al campo.°

Mas apenas se vio en el campo, cuando le asaltó° un pensamiento terrible. Fue que no era armado caballero y que, conforme a la ley de la caballería, no podía ni debía tomar armas con ningún caballero.

Este pensamiento lo hizo titubear° en su propósito° hasta que se propuso de hacerse armar caballero del primero que se topase,° a imitación de otros muchos que así lo hicieron, según él había leído en los libros de caballerías.

Don Quijote anduvo todo el día, y al anochecer° su rocín y él se hallaron cansados y muertos de hambre, cuando vio, no lejos del camino por donde iba, una venta,° que él creyó ser castillo.

Comprensión

A. Contesta las siguientes preguntas.

1. ¿Cuándo hizo don Quijote su primera salida?
2. ¿Quién lo vio salir?
3. ¿Cómo era el día?
4. ¿Qué hizo don Quijote antes de salir al campo?
5. ¿Qué pensamiento terrible le asaltó?
6. ¿Por qué no debía tomar armas para luchar contra un caballero?
7. ¿De quién se propuso de hacerse armar caballero?

Hechos Made, Done	**asaltó** came upon	**anochecer** dusk
dar parte informing	**titubear** to hesitate	**venta** inn
viese seeing	**propósito** purpose	
campo country	**se topase** met with	

8. ¿Cuánto tiempo caminó don Quijote?

9. Al anochecer, ¿en qué condición estaban él y su rocín?

10. Cuando don Quijote vio la venta, ¿qué creyó que era?

B. ¿Qué opinas?

1. ¿Por qué crees que salió tan temprano don Quijote?

2. ¿Cómo sería el estado de ánimo de don Quijote? ¿Estaría preocupado? ¿alegre? ¿Tendría miedo? ¿Por qué opinas así?

Don Quijote se encontró con dos doncellas

Se dio prisa en caminar y llegó a la venta a tiempo que anochecía.°

Dos mujeres feas y viles° estaban a la puerta de la venta. A don Quijote le parecieron dos hermosas doncellas° o dos graciosas damas.

Cuando las dos mozas vieron venir hacia ellas un hombre de aquella manera armado, y con lanza y adarga,° llenas de miedo se iban a entrar en la venta, pero don Quijote les dijo:

—Non fuyan las vuestras mercedes, ni teman desaguisado alguno; ca a la orden de caballería que profeso non toca ni atañe facerle a ninguno; cuanto más a tan altas doncellas como vuestras presencias demuestran.*

Al oírse llamar «doncellas», cosa tan fuera° de su profesión, no pudieron tener la risa,° y fue de manera que don Quijote vino a correrse y a decirles que no debían reírse de un caballero que quería servirlas.

El lenguaje, no entendido de las señoras, y el mal talle° de nuestro caballero acrecentaban° en ellas la risa y en él el enojo,° y pasara muy adelante si a aquel punto no saliera el ventero,° hombre que por ser muy gordo era muy pacífico, quien dijo a don Quijote:

---

anochecía it was getting dark	**adarga** shield	**talle** appearance, figure
viles common	**fuera** distant	**acrecentaban** increased
doncellas maidens	**tener la risa** to keep from laughing	**enojo** anger
		ventero innkeeper

* *Non . . . demuestran:* This language had long been archaic even in Don Quijote's time. It means: "Don't flee or fear any harm; for the order of knighthood which I profess does not permit that harm be done anyone; much less to such ladies of high degree as your looks indicate you to be."

—Si vuestra merced,° señor caballero, busca posada,° amén del° lecho° (porque en esta venta no hay ninguno), todo lo demás se hallará en mucha abundancia.

Comprensión

A. Contesta las siguientes preguntas.

1. ¿Cuándo llegó don Quijote a la venta?
2. ¿Cómo le parecieron las dos mujeres a don Quijote?
3. ¿Por qué tenían miedo las dos mujeres? ¿Quién les dijo que no tuvieran miedo?
4. Según lo que les dijo don Quijote, ¿por qué no debían reírse de él?
5. ¿Entendieron las mujeres el lenguaje del caballero? ¿Por qué?
6. ¿Cómo reaccionaron las mujeres después de escuchar las palabras de nuestro hidalgo?
7. ¿Quién salió de la venta?
8. ¿Por qué no ofreció el ventero posada a don Quijote?

B. Pon en orden cronológico (1–8) las siguientes afirmaciones.

___ Don Quijote vio a dos mujeres feas delante de la venta.

___ Cuando las dos mujeres vieron a don Quijote querían huir de él.

___ El ventero le explicó a don Quijote que no había cuartos libres en la venta.

___ Don Quijote se apresuró a llegar a la venta.

___ Salió el propietario de la venta.

___ Las mujeres se rieron de las palabras de don Quijote.

___ Don Quijote habló de una manera pomposa y arcaica.

___ Don Quijote se ofendió de la reacción de las mujeres hacia él.

C. ¿Qué opinas?

1. ¿Hay personas hoy en día que sirven de «caballeros andantes»? ¿Quiénes son?
2. ¿Cómo reaccionarías si vieras una figura tan extraña como don Quijote?

———•◆•———

---

vuestra merced *usted,* you   **amén de** besides
posada lodging, shelter   **lecho** bed

Cómo don Quijote habló al ventero

La constancia*

(Romance)

Mis arreos° son las armas,
mi descanso es pelear,
mi cama las duras peñas,°
mi dormir siempre velar.°
Las manidas° son escuras,°
los caminos por usar,
el cielo con sus mudanzas°
ha por bien de me dañar,°
andando de sierra° en sierra
por orillas° de la mar,
por probar si en mi ventura°
hay lugar por donde avadar.°
Pero por vos, mi señora,
todo se ha de comportar.°

Viendo don Quijote la humildad del alcaide° de la fortaleza, que tal le pareció a él el ventero y la venta, respondió:

—Para mí, señor castellano, cualquiera cosa basta,° porque mis arreos son las armas, mi descanso el pelear, etcétera.

El huésped° pensó que el haberlo llamado «castellano» había sido por haberle parecido de los hombres de Castilla, aunque él era andaluz y así, le respondió:

—Según eso, las camas de vuestra merced serán duras peñas, y su dormir siempre velar; y siendo así, bien se puede apear° con seguridad de hallar en esta choza° ocasión y ocasiones para no dormir en todo un año cuanto más° en una noche.

---

arreos dress	**mudanzas** changes	**avadar** to ford
peñas rocks	**dañar** to injure	**comportar** to tolerate
velar to watch	**sierra** mountain	**alcaide** governor
manidas shelters	**orillas** shores	**basta** is enough
escuras dark	**ventura** good fortune	

* This was a well-known poem of the time.

Comprensión

A. Contesta las siguientes preguntas.

1. ¿A don Quijote qué le pareció ser el ventero?
2. ¿Cómo le contestó don Quijote al ventero?
3. ¿Por qué don Quijote había llamado al ventero «castellano»?
4. ¿Era castellano el ventero? ¿De dónde era?
5. ¿Qué le dijo el ventero a don Quijote que encontraría en su «fortaleza»?

B. Indica si las siguientes oraciones son ciertas (C) o falsas (F). Corrige la información falsa.

1. Según el poema, don Quijote a veces pasa la noche durmiendo afuera en lugares poco cómodos.
2. Don Quijote es poco paciente.
3. La venta es muy humilde.
4. Don Quijote está dispuesto a sacrificar todo por la mujer que ama.
5. Según el poema, don Quijote pasa la vida vagando.

C. ¿Qué opinas?

1. ¿Cómo reaccionarías si alguien te contestara recitando poesía? ¿Por qué crees que don Quijote habla así?
2. Don Quijote viajaba montado a caballo. ¿Cómo te gustaría ver el mundo? ¿en avión? ¿en coche? ¿en tren? ¿en bicicleta? ¿andando? ¿Por qué? Compara tus preferencias con las de tus compañeros de clase.

---

huésped host
apear to dismount

choza hut
cuanto más much less

Cómo don Quijote cenó en la venta

Y diciendo esto, fue a tener el estribo° a don Quijote, el cual se apeó con mucha dificultad.

Don Quijote dijo luego al huésped que le tuviese mucho cuidado de su caballo porque era la mejor pieza° que comía pan en el mundo. El ventero lo miró, y no le pareció tan bueno como don Quijote decía, ni aun la mitad; y acomodándolo° en la caballeriza,° volvió a ver lo que el caballero mandaba.

Entretanto las «doncellas», que ya se habían reconciliado con don Quijote, estaban desarmándolo.° Le habían quitado el peto° y el espaldar,° pero no pudieron quitarle la celada,° que estaba atada° con unas cintas verdes, y era preciso cortarlas, por no poderse quitar los nudos;° pero él no quiso consentir de ninguna manera, y así se quedó toda aquella noche con la celada puesta,° que era la más graciosa y extraña figura que se pudiera imaginar.

Las mozas le preguntaron si quería comer alguna cosa, y don Quijote respondió que sí.

Aquel día acertó° a ser viernes, y no había en toda la venta sino unas raciones de bacalao.°

Le pusieron la mesa a la puerta de la venta, por el fresco, y el ventero le trajo una porción del mal remojado° y peor cocido° bacalao y un pan tan negro y mugriento° como sus armas.

Era materia de gran risa verlo comer, porque como tenía puesta la celada y alzada° la visera,° no podía poner nada en la boca con sus manos, y así una de las mozas le puso el alimento° en la boca.

Para darle de beber el ventero tuvo que conseguir una caña.° Puso un cabo° en la boca y por el otro echó° el vino.

---

estribo stirrup	**celada** helmet	**mugriento** greasy, dirty
pieza animal	**atada** tied	**alzada** raised
acomodándolo putting him	**nudos** knots	**visera** visor
caballeriza stable	**puesta** in place, on	**alimento** food
desarmándolo disarming him	**acertó** happened	**caña** straw, reed
peto breastplate	**bacalao** codfish	**cabo** end
espaldar backpiece	**remojado** water-soaked	**echó** poured
	cocido cooked	

Don Quijote se quedó satisfecho con la cena, pero le fatigaba° no verse
armado caballero, por parecerle que no se podría poner legítimamente en
aventura sin recibir la orden de caballería.

Comprensión

A. Contesta las siguientes preguntas.

1. ¿Por qué se apeó don Quijote con dificultad?
2. ¿Qué opinaba don Quijote de su caballo?
3. ¿Qué impresión tiene el ventero del caballo?
4. ¿Cómo eran la ropa y los accesorios de nuestro caballero?
5. ¿Cómo bebió don Quijote? ¿Por qué?
6. ¿Qué pudo comer?
7. ¿Cómo eran las mujeres que lo ayudaron?
8. ¿Por qué no se quitó la celada don Quijote?
9. ¿Por qué estaba preocupado nuestro hidalgo?

B. ¿Qué opinas?

1. ¿Cómo describirías el carácter y la apariencia de don Quijote?
2. Si tienes talento artístico, dibuja cómo ves a don Quijote y
   enseña tu dibujo a tus compañeros de clase. Explica por qué lo
   has dibujado de esta forma.

---

fatigaba bothered

Antes de leer: *En este capítulo vas a descubrir lo que necesita un caballero andante. ¿Qué son las necesidades de un ser humano del siglo XXI? ¿Y en qué sentido son diferentes de las necesidades de los seres humanos del siglo XVII? ¿Cuáles son tus necesidades?*

Capítulo III

Donde se cuenta las necesidades de un caballero andante

Y así, fatigado de este pensamiento, abrevió su limitada cena; la cual acabada,° llamó al ventero y, encerrándose° con él en la caballeriza, se hincó de rodillas° ante él, diciéndole:

—No me levantaré jamás de donde estoy, valeroso caballero, hasta que vuestra merced me prometa armarme caballero mañana. Esta noche en la capilla° de este castillo velaré° las armas, y mañana, como he dicho, se cumplirá lo que tanto deseo, para que yo pueda ir por todas las cuatro partes del mundo buscando las aventuras en pro de° los menesterosos.°

El ventero, que era un poco socarrón° y ya tenía algunos barruntos° de la falta de juicio de su huésped,° acabó de creerlo cuando le oyó decir esto, y, por tener que reír aquella noche, determinó a seguirle el humor.

Le dijo a don Quijote que en el castillo no había capilla alguna donde poder velar las armas, porque estaba derribada° para hacerla de nuevo pero que en caso de necesidad, él sabía que se podían velar dondequiera,° y que aquella noche las podría velar en un patio del castillo; que a la mañana se harían las ceremonias, de manera que él quedase armado caballero.

El ventero le preguntó si traía dineros. Don Quijote le respondió que no traía blanca,° porque él nunca había leído en las historias de los caballeros andantes que ninguno los hubiese traído.

---

acabada finished	**velaré** I will guard	**huésped** guest, lodger
encerrándose locking himself up	**en pro de** on behalf of	**derribada** torn down
hincó de rodillas kneeled	**menesterosos** needy	**dondequiera** anywhere
capilla chapel	**socarrón** sly, mischievous	**blanca** money
	barruntos inklings	

A esto el ventero dijo que se engañaba,° que no se escribía en las histo-rias por haber parecido a los autores de ellas que no era menester° escribir una cosa tan clara y tan necesaria de traerse como eran dineros y camisas limpias. El ventero le dijo también que casi todos los caballeros andantes tenían escuderos° que llevaban los dineros y las camisas limpias.

Comprensión

A. Contesta las siguientes preguntas.

1. ¿Por qué abrevió su cena don Quijote?
2. ¿A quién llamó?
3. ¿Qué pensaba hacer don Quijote aquella noche?
4. ¿Cuándo y dónde velaría las armas?
5. ¿Cómo reaccionó el ventero? ¿Por qué?
6. ¿Dónde podía don Quijote velar sus armas?
7. ¿Por qué le preguntó el ventero si llevaba dinero?
8. ¿Cómo le contestó don Quijote?
9. Según el ventero, ¿quiénes debían acompañar a los caballeros andantes y qué debían llevar?

B. Indica si las siguientes oraciones son ciertas (C) o falsas (F). Corrige la información falsa. También cita las palabras o frases del cuento que apoyan la información.

1. Don Quijote le pide al ventero que le ayude a quitarse las armas.
2. Don Quijote piensa que la venta es un castillo.
3. También piensa que este castillo tiene capilla.
4. El ventero cree que don Quijote es un hombre sensato.
5. Parece que el ventero no tiene sentido del humor.
6. Don Quijote tiene un escudero rico con muchas camisas limpias.
7. Don Quijote cree que es importante que un caballero sea rico.

C. ¿Qué opinas?

1. Si fueras el ventero, ¿cómo habrías reaccionado ante la petición de don Quijote?
2. ¿Qué crees que pasará en el siguiente episodio?

———◆———

se engañaba was wrong   **menester** necessary   **escuderos** squires

Dónde don Quijote veló las armas

Don Quijote prometió al ventero que conseguiría las tres cosas: escudero, dineros y camisas limpias.

Entonces hizo preparaciones para velar las armas en un corral grande que estaba a un lado de la venta. Puso sus armas sobre una pila° que estaba junto a un pozo,° y, abrazando° su adarga, asió° de su lanza, y se comenzó a pasear delante de la pila; y cuando comenzó el paseo, comenzaba a cerrar la noche.

El ventero contó a todos cuantos estaban en la venta la locura de su huésped, la vela de armas y la armazón° de caballería que esperaba. Acabó de cerrar la noche, pero con tanta claridad la luna que cuanto el novel° caballero hacía era bien visto de todos.

Se le antojó° en esto a uno de los arrieros° que estaba en la venta ir a dar agua a su recua,° y fue menester quitar las armas de don Quijote, que estaban sobre la pila.

Don Quijote, soltando° la adarga, alzó° la lanza a dos manos y dio con ella tan gran golpe° al arriero en la cabeza, que lo derribó° en el suelo maltrecho.°

Hecho esto, don Quijote recogió° sus armas y volvió a pasearse como antes.

Dentro de poco, sin saberse lo que había pasado, otro arriero llegó con la misma intención de dar agua a sus mulos. Quitó las armas de la pila.

Don Quijote también lo derribó con la lanza.

Toda la gente de la venta acudió° al ruido y entre ellos el ventero.

---

pila trough	**se le antojó** it occurred	**derribó** he knocked down
pozo well	**arrieros** muleteers	**maltrecho** seriously hurt
abrazando embracing	**recua** herd	**recogió** picked up, gathered
asió seized	**soltando** dropping	**acudió** went toward
armazón knighting	**alzó** raised	
novel novice	**golpe** blow	

. . . y se comenzó a pasear delante de la pila; y cuando comenzó el paseo,
comenzaba a cerrar la noche.

Comprensión

A. Contesta las siguientes preguntas.

1. ¿Qué prometió hacer don Quijote?
2. ¿Para qué hizo preparativos?
3. ¿Dónde puso sus armas?
4. ¿Por dónde paseaba?
5. ¿Qué quería hacer el primer arriero? ¿Y qué le pasó?
6. ¿Qué le pasó al otro arriero?
7. ¿Cómo reaccionaron los de la venta?

B. Pon en orden cronológico (1–10) los siguientes acontecimientos.

___ Don Quijote atacó a un arriero.

___ Don Quijote se preparó a vigilar sus armas.

___ La gente de la venta fue corriendo al corral.

___ Don Quijote puso sus armas en el corral.

___ El ventero habló de la falta de equilibrio mental de don Quijote.

___ Vino un arriero para sacar agua del pozo.

___ Don Quijote recogió sus armas.

___ Cayó la noche.

___ El arriero quitó las armas de don Quijote.

___ Don Quijote atacó a otro arriero.

C. ¿Qué opinas?

1. ¿Te parece melancólico, imaginativo o ridículo don Quijote? Explica tu punto de vista.
2. Describe cómo sería un Quijote del siglo XXI.

El ventero decidió darle a don Quijote
la negra orden de caballería

Los compañeros de los heridos° comenzaron desde lejos a llover piedras°
sobre don Quijote, el cual, lo mejor que podía, se reparaba° con su adarga.

El ventero daba voces° que lo dejasen, porque ya les había dicho como
era loco, y que por loco se libraría, aunque los matase a todos.

Los arrieros dejaron de tirar° piedras y don Quijote dejó retirar° a los
heridos, y volvió a la vela de sus armas.

Al ventero no le parecieron bien las burlas° de su huésped, y determinó
abreviar y darle la negra orden de caballería luego, antes de que otra desgracia sucediese.

Y así, llegándose a él, se disculpó° de la insolencia que aquella gente baja°
con él había usado, sin que él supiese cosa alguna; pero que bien castiga-
dos quedaban de su atrevimiento.°

Le dijo como ya le había dicho que en aquel castillo no había capilla, y
para lo que restaba° de hacer tampoco era necesaria; que todo se podía
hacer en medio de un campo.

Don Quijote se lo creyó todo, y dijo que él estaba allí pronto para obe-
decerlo y que concluyese con la mayor brevedad posible, porque si fuese
otra vez acometido° y se viese armado caballero, no pensaba dejar persona viva en el castillo, excepto aquéllas que él le mandase.

Comprensión

A. Contesta las siguientes preguntas.

1. ¿Quiénes comenzaron a atacar a don Quijote?
2. ¿Cómo reaccionó don Quijote?
3. ¿Por qué decidió el ventero darle la negra orden de caballería a
   don Quijote?
4. ¿Cuántos heridos había?

---

heridos wounded (men)	**tirar** to throw	**atrevimiento** daring
llover piedras to throw	**retirar** to remove	**restaba** remained
stones, rocks	**burlas** antics	**acometido** attacked
se reparaba warded off	**se disculpó** apologized	
daba voces shouted	**gente baja** scoundrels	

5. ¿De qué se disculpó el ventero?

6. Según el ventero, ¿dónde se podía terminar la ceremonia de armar caballero a don Quijote?

7. ¿Qué le contestó don Quijote?

B. Pon en orden cronológico (1–5) los siguientes acontecimientos del cuento.

___ Los amigos de los arrieros dejan de atacar a don Quijote.

___ Don Quijote amenazó con matar a todos en la venta, o sea, «el castillo».

___ Los amigos de los arrieros atacaron a don Quijote.

___ El ventero trató de persuadir a los atacantes que dejaran en paz a don Quijote.

___ Don Quijote se defendió de las pedradas.

C. ¿Qué opinas?

¿Te parece bien el comportamiento del ventero? Si fueras el ventero, ¿habrías protegido a don Quijote? ¿Le habrías dicho la verdad con respecto a «la capilla»? ¿Por qué?

La graciosa manera que tuvo don Quijote de armarse caballero

Medroso° de esto, el ventero trajo luego un libro donde asentaba° la paja° y la cebada° que daba a los arrieros, y con un cabo° de vela° que un muchacho traía, y con las dos ya dichas «doncellas», se vino adonde don Quijote estaba, al cual mandó hincar de rodillas; y leyendo en su manual (como que decía alguna devota oración), en mitad° de la oración alzó la mano y le dio sobre el cuello un buen golpe, y tras él, con su misma espada, un fuerte espaldarazo,° siempre murmurando entre dientes, como que rezaba.°

Hecho esto, mandó a una de aquellas «damas» que le ciñese° la espada, la cual lo hizo con mucha discreción para no reventar de risa° a cada punto de las ceremonias; pero las proezas° que ya habían visto del novel caballero les tenía la risa a raya.° Al ceñirle la espada, la buena señora dijo:

—Dios haga a vuestra merced muy venturoso caballero y le dé ventura en lides.°

La otra «doncella» le calzó° la espuela.°

Hechas, pues, de prisa las hasta allí nunca vistas ceremonias, don Quijote ensilló° a Rocinante, subió en él y, abrazando al ventero, le agradeció por haberlo armado caballero.

El ventero, por verlo ya fuera de la venta, lo dejó ir sin pedirle la costa de la posada.

Comprensión

A. Contesta las siguientes preguntas.

1. ¿Qué libro trajo el ventero?
2. ¿Qué otras personas vinieron adonde estaba don Quijote?
3. ¿Qué le mandó hacer el ventero a don Quijote?
4. ¿Dónde le dio un golpe el ventero a don Quijote?

Medroso Fearful	**espaldarazo** blow on the back	**a raya** restrained
asentaba kept an account	**rezaba** was praying	**lides** conflicts
paja straw	**ciñese** gird, put on	**calzó** put on
cebada barley	**reventar de risa** to burst out laughing	**espuela** spur
cabo piece	**proezas** deeds	**ensilló** saddled
vela candle		
mitad middle		

5. ¿Con qué le dio un fuerte espaldarazo?
6. ¿Quién le ciñió la espada al hidalgo?
7. ¿Quién le calzó la espuela?
8. Después de estas ceremonias, ¿qué hizo don Quijote?
9. ¿Por qué el ventero no le pidió dinero a don Quijote?

B. Indica si las siguientes oraciones son ciertas (C) o falsas (F). Corrige la información falsa. Señala las frases del cuento que apoyan la información.

1. El ventero hace una ceremonia auténtica para declarar caballero a don Quijote.
2. El libro que trae el ventero para la ceremonia es sagrado.
3. Las mujeres que participan en la ceremonia son nobles y hermosas.
4. Durante la ceremonia el ventero le toca a don Quijote con una espada.
5. Las «doncellas» se ponen muy tristes durante la ceremonia.
6. Don Quijote se quejó del costo de su estancia en la venta.
7. Las mujeres ayudó a vestir a don Quijote.
8. Don Quijote montó en su caballo.

C. ¿Qué opinas?

1. Si fueras el ventero, ¿habrías llevado a cabo la gran ceremonia falsa? ¿Qué habrías hecho?
2. El «rito» de armarse caballero andante en este episodio es muy exagerado, ¿no te parece? ¿Conoces ritos o costumbres en tu cultura que te parezcan exagerados? ¿Cuáles son? Discute la importancia que estos ritos tienen en la sociedad con tus compañeros de clase.

Antes de leer: *Si fueras caballero andante como don Quijote, ¿qué males del mundo te gustaría corregir? ¿Por qué?*

Capítulo IV

De lo que le sucedió a nuestro caballero cuando salió de la venta

Era el alba° cuando don Quijote salió de la venta, muy contento por verse ya armado caballero.

Mas viniéndole a la memoria los consejos° del «castellano» cerca de las prevenciones tan necesarias que había de llevar consigo, en especial la de los dineros y camisas, determinó volver a su casa y acomodarse° de todo y de un escudero.

Hizo cuenta de recibir a un labrador vecino suyo, que era pobre y con hijos pero muy a propósito° para el oficio escuderil de la caballería.

Con este pensamiento guió a Rocinante hacia su aldea,° el cual reconociendo el camino, con tanta gana° comenzó a caminar que parecía que no ponía los pies en el suelo.

No había andado mucho cuando oyó salir de un bosque° unas voces, como de persona que se quejaba.°

Volviendo las riendas,° encaminó° a Rocinante hacia donde las voces salían. Y a pocos pasos que entró por el bosque, vio una yegua° atada a una encina,° y atado a otra a un muchacho, desnudo° de medio cuerpo arriba, de quince años de edad, que era el que las voces daba, y no sin causa, porque un labrador le estaba dando muchos azotes° con una pretina.°

---

alba dawn	**bosque** forest	**encina** oak tree
consejos advice	**se quejaba** was	**desnudo** bare
acomodarse to obtain	complaining	**azotes** lashes
a propósito suitable	**riendas** reins	**pretina** belt
aldea village	**encaminó** directed	
gana desire	**yegua** mare	

Comprensión

A. Contesta las siguientes preguntas.

1. ¿Por qué salió de la venta don Quijote?
2. ¿Por qué decidió volver a su casa?
3. ¿A quién quería nombrar escudero?
4. ¿Cómo iba Rocinante?
5. ¿Qué oyó don Quijote camino a su casa?
6. ¿Por qué entró don Quijote en el bosque? ¿Qué vio allí?
7. ¿Quién gritaba? ¿Por qué?

B. Pon en orden cronológico (1–6) los siguientes acontecimientos.

___ Don Quijote oyó unas voces salir del bosque.
___ Rocinante iba a la aldea con prisa.
___ Don Quijote salió de la venta.
___ Nuestro hidalgo vio a un joven atado a un árbol.
___ Don Quijote decidió buscar escudero.
___ Nuestro hidalgo pensó en un vecino suyo para ser escudero.

C. ¿Qué opinas?

Si fueras don Quijote, ¿qué habrías hecho al ver al niño golpeado? ¿Por qué?

Cómo don Quijote defendió al muchacho

Y don Quijote, viendo lo que pasaba, dijo con voz airada:°

—Descortés caballero, parece mal tomarse con quien no se puede defender; suba sobre su caballo y tome su lanza —que también tenía una lanza arrimada a° la encina donde estaba arrendada° la yegua—, que yo le haré reconocer ser de cobardes lo que usted está haciendo.

El labrador, que vio sobre sí aquella figura llena de armas blandiendo° la lanza sobre su rostro, se tuvo por muerto,° y con buenas palabras respondió:

---

airada angry	**arrendada** hitched	**se tuvo por muerto** gave
arrimada a leaned against	**blandiendo** brandishing	himself up for dead

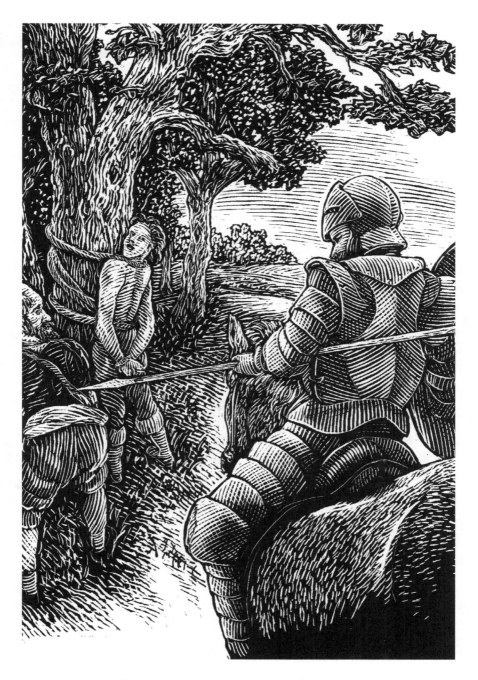

Descortés caballero, parece mal tomarse con quien no se puede defender.

—Señor caballero, este muchacho que estoy castigando es un criado que me sirve de guardar una manada° de ovejas que tengo en estos contornos;° el cual es tan descuidado,° que cada día me falta una; y porque castigo su descuido o bellaquería,° dice que lo hago de miserable, por no pagarle la soldada° que le debo, pero él miente.°

—¿Miente delante de mí, ruin villano?° —dijo don Quijote—. Por el sol que nos alumbra que estoy por pasarle a usted de parte en parte con esta lanza. Desátelo° luego.

El labrador bajó la cabeza y, sin responder una palabra, desató a su criado.

Don Quijote picó° a su Rocinante, y en breve espacio se apartó de ellos.

El labrador lo siguió con los ojos y cuando vio que había salido del bosque y ya no parecía, se volvió a su criado y le dijo:

—Ven acá, hijo mío, que te quiero pagar lo que te debo.

Y asiéndolo° del brazo, lo volvió a atar a la encina, donde le dio tantos azotes que lo dejó por muerto.

Comprensión

A. Contesta las siguientes preguntas.

1. ¿A quién llamó «descortés caballero» don Quijote?
2. ¿Por qué no podía defenderse el muchacho?
3. ¿Por qué se tuvo por muerto el labrador?
4. ¿Es verdad que el labrador le respondió a don Quijote con buenas palabras?
5. ¿En qué trabajaba el muchacho?
6. Según lo que dijo el labrador a don Quijote, ¿por qué castigaba a su criado?
7. ¿Qué hizo el labrador?
8. Luego, ¿qué hizo don Quijote?
9. ¿Cómo dejó al niño el labrador?

---

manada flock	**soldada** pay	**picó** spurred
contornos vicinity	**miente** lies	**asiéndolo** seizing him
descuidado careless	**villano** peasant	
bellaquería knavery	**Desátelo** Untie him	

B. ¿Qué opinas?

Vagar por el mundo como la quería hacer don Quijote: ¿es una locura, una aventura o. . . ? Explica tu punto de vista y discute el tema con tus compañeros de clase.

———————◆———————

El encuentro con los mercaderes

Habiendo andado como dos millas, don Quijote descubrió un gran tropel° de gente que, como después se supo, eran unos mercaderes° toledanos que iban a comprar seda° a Murcia.

Eran seis y venían con sus quitasoles,° con otros cuatro criados a caballo y tres mozos de mulas a pie.

Apenas° los vio don Quijote cuando se imaginó ser cosa de nueva aventura. Por imitar en todo cuanto a él le parecía posible los pasos que había leído en sus libros, le pareció venir allí de molde° uno que pensaba hacer.

Así, con gentil continente° y denuedo,° se afirmó bien en los estribos, apretó la lanza, llevó la adarga al pecho° y, puesto en la mitad del camino, estuvo esperando que aquellos caballeros andantes llegasen, que ya él por tales los juzgaba.° Cuando llegaron a trecho° que lo pudieron ver y oír, don Quijote levantó la voz y con ademán° arrogante dijo:

—Todo el mundo se detenga, si todo el mundo no confiesa que no hay en el mundo todo doncella más hermosa que la emperatriz de la Mancha, la sin par° Dulcinea del Toboso.

Se pararon los mercaderes al son de° estas razones, y al ver la extraña figura del que las decía, y por la figura y por las razones luego echaron de ver° la locura de su dueño; mas quisieron ver despacio en qué paraba aquella confesión que se les pedía, y uno de ellos, que era un poco burlón y muy discreto, le dijo:

---

tropel crowd	**venir allí de molde** to be	**trecho** distance
mercaderes traders	just what he needed	**ademán** manner
seda silk	**continente** appearance	**sin par** peerless
quitasoles parasols	**denuedo** boldness	**al son de** at the sound of
Apenas Hardly	**pecho** chest	**echaron de ver** noticed
	juzgaba judged	

—Señor caballero, nosotros no conocemos quién sea esa buena señora que dice Ud.; muéstrenosla: que si ella fuera de tanta hermosura como significa, de muy buena gana confesaremos la verdad que Ud. nos pide.

Comprensión

A. Contesta las siguientes preguntas.

1. Después de andar unas millas, ¿qué vio don Quijote?
2. ¿Adónde iban los mercaderes y por qué iban allí?
3. ¿Qué llevaban los mercaderes en la mano?
4. Cuando don Quijote los vio, ¿qué hizo?
5. ¿Qué dijo a los mercaderes?
6. ¿De qué se dieron cuenta los mercaderes?
7. ¿Qué propuso uno de los mercaderes?
8. ¿Por qué seguían escuchándole a don Quijote?

B. Indica si las siguientes oraciones son ciertas (C) o falsas (F). Corrige la información falsa. Señala las frases del cuento que apoyan la información.

1. Don Quijote se encontró con un grupo de hombres de negocios.
2. Los viajeros eran de Murcia.
3. Los viajeros iban acompañados de sus esposas.
4. Don Quijote les preguntó si conocían el camino.
5. Don Quijote iba acompañado de la emperatriz de la Mancha.
6. A los viajeros les encantó conversar con don Quijote.
7. Los viajeros pidieron ver a la mujer de quien hablaba don Quijote.

C. ¿Qué opinas?

Don Quijote idealiza a Aldonza Lorenzo. ¿Tiendes a idealizar, o sea, ver con gafas de color rosa, a algunas personas? ¿Por qué crees que se hace? Con tus compañeros de clase, discute las ventajas y las desventajas de idealizar a los seres humanos.

De lo que le sucedió a don Quijote con los mercaderes

—Si se la mostrara —replicó don Quijote—, ¿qué hicieran Uds. en confesar una verdad tan notoria?° La importancia está en que sin verla lo han de creer, confesar, afirmar, jurar° y defender; si no, conmigo son en batalla, gente descomunal° y soberbia.° Que ahora vengan uno a uno, como pide la orden de caballería, ahora todos juntos, como es costumbre y mala usanza de los de su ralea,° aquí los aguardo y espero, confiado en° la razón que de mi parte tengo.

—Señor caballero —replicó el mercader—, suplico° a Ud., para que no encarguemos° nuestras conciencias confesando una cosa por nosotros jamás vista ni oída, que Ud. nos muestre un retrato° de esa señora; y aunque el retrato nos muestre que ella es fea, por complacerlo° a Ud., diremos en su favor todo lo que Ud. quisiera.

—¡Uds. pagarán la gran blasfemia que han dicho contra mi bella señora! —respondió don Quijote.

Y en decir esto, arremetió° con la lanza baja contra el que lo había dicho, con tanta furia y enojo, que si la buena suerte no hiciera que en la mitad del camino tropezara° y cayera Rocinante, lo pasara mal el atrevido mercader.

Rocinante cayó, y fue rodando° su amo por el campo; y queriéndose levantar, jamás pudo: tal embarazo° le causaban la lanza, adarga, espuelas y celada, con el peso° de las antiguas armas.

Un mozo de mulas de los que allí venían se llegó a él, tomó la lanza y, después de haberla hecho pedazos,° con uno de ellos comenzó a dar a nuestro don Quijote muchísimos palos.° Deshizo° no sólo el primer pedazo sino todos los otros sobre el miserable caído. Con toda aquella tempestad° de palos, don Quijote no cerraba la boca, amenazando° al cielo y a la tierra y a los malandrines,° que tal le parecían.

---

notoria evident, known	**retrato** portrait	**palos** blows
jurar to swear	**complacerlo** to please you	**Deshizo** He wore out
descomunal uncommon	**arremetió** charged	**tempestad** tempest, show-
soberbia arrogant	**tropezara** stumbled	ering
ralea breed	**fue rodando** went rolling	**amenazando** threatening
confiado en confident in	**embarazo** impediment	**malandrines** scoundrels
suplico I beg	**peso** weight	
no encarguemos we may	**hecho pedazos** broken into	
not burden	pieces	

El mozo se cansó, y los mercaderes siguieron su camino.

Después de que don Quijote se vio solo, volvió a probar si podía levantarse; pero si no lo pudo hacer cuando sano y bueno, ¿cómo lo haría molido° y casi deshecho?°

Y aun se tenía por dichoso,° pareciéndole que aquélla era propia desgracia de caballeros andantes, y todo lo atribuía a la falta de su caballo; y no era posible levantarse, según tenía abrumado° todo el cuerpo.

Comprensión

A. Contesta las siguientes preguntas.

1. Según lo que don Quijote les dijo, ¿qué debían hacer los mercaderes?
2. ¿Cómo quería nuestro hidalgo que los mercaderes entraran en batalla con él —uno a uno, o todos juntos?
3. ¿Quién quiso ver un retrato de la señora?
4. ¿Le mostró don Quijote el retrato?
5. ¿A quién atacó don Quijote con la lanza?
6. ¿Qué le pasó a Rocinante?
7. ¿Por qué no pudo levantarse don Quijote?
8. ¿Quién hizo pedazos de la lanza y qué hizo después con los pedazos?
9. ¿Se levantó por fin nuestro hidalgo?

B. ¿Qué opinas?

1. Uno de los mercaderes dijo que aun si creyera que «la emperatriz de la Mancha» fuera fea, le diría a don Quijote que era hermosa para complacerle. ¿Qué piensas de esta táctica? ¿Crees que uno siempre debe decir la verdad aunque sabe que ofendería a alguien?
2. A pesar de no poder levantarse, don Quijote «se tenía por dichoso, pareciéndole que aquélla era propia desgracia de caballeros andantes». ¿Qué te dice esto de su carácter?

---

molido flogged, beaten   **dichoso** fortunate, lucky
deshecho destroyed   **abrumado** crushed

Antes de leer: *A pesar de sus desgracias, don Quijote sigue buscando más aventuras. ¿Por qué sigue adelante?*

Capítulo V

Cómo un labrador salvó a nuestro hidalgo

Quiso la suerte que acertó a pasar por allí un labrador de su mismo lugar y vecino suyo, que venía de llevar una carga de trigo° al molino.°

El labrador, viendo a aquel hombre allí tendido,° se llegó a él y le preguntó quién era y qué mal sentía.

Don Quijote le contestó recitando un romance.

El labrador estaba admirado° oyendo aquellos disparates,° y quitándole la visera que ya estaba hecha pedazos de los palos, le limpió el rostro, que lo tenía cubierto de polvo;° y apenas lo hubo limpiado cuando lo reconoció y le dijo:

—Señor Quijada —que así se llamaba don Quijote cuando tenía juicio y no había pasado de hidalgo sosegado° a caballero andante—, ¿quién ha puesto a Ud. de esta suerte?

Pero él seguía con su romance a cuanto le preguntaba.

Viendo esto, el buen hombre, lo mejor que pudo, le quitó el peto y espaldar, para ver si tenía alguna herida,° pero no vio sangre° ni señal alguna.

Procuró° levantarlo del suelo, y no con poco trabajo lo subió sobre su jumento,° por parecer caballería más sosegada.

El labrador recogió las armas, hasta° las astillas° de la lanza, las ligó° sobre Rocinante, al cual tomó de la rienda, y del cabestro° al asno,° y se encaminó hacia su pueblo.

Llegaron al pueblo a la hora que anochecía; pero el labrador aguardó a que fuese algo más de noche, para que nadie viese al molido hidalgo.

trigo wheat	**sosegado** peaceful	**astillas** pieces, slivers
molino mill	**herida** wound	**ligó** tied, bound
tendido stretched out	**sangre** blood	**cabestro** halter
admirado astonished	**Procuró** He tried	**asno** donkey
disparates absurdities	**jumento** donkey	
polvo dust	**hasta** even, including	

Comprensión

A. Contesta las siguientes preguntas.

1. ¿De dónde era el labrador?
2. ¿Cuál es el verdadero apellido de don Quijote?
3. ¿Cómo le contestaba don Quijote al labrador?
4. ¿Cómo atendió el labrador a don Quijote?
5. ¿Cuándo llegaron a su destino el labrador y don Quijote?
6. ¿Por qué decidió el labrador esperar unas horas antes de entrar en casa del hidalgo?

B. Indica si las siguientes oraciones son ciertas (C) o falsas (F). Corrige la información falsa.

1. El labrador le contestó a don Quijote recitando un poema.
2. El labrador estaba acostumbrado de oír todo lo que le decía don Quijote.
3. Don Quijote le explicó al labrador todo lo que le había pasado.
4. El labrador levantó a nuestro hidalgo del suelo.
5. El labrador colocó las armas de don Quijote en su jumento.
6. Llegaron al pueblo al día siguiente.

C. ¿Qué opinas?

¿Qué pasará cuando don Quijote llegue a casa? ¿Estarían preocupadas su sobrina y el ama?

La vuelta de don Quijote a casa

Llegada, pues, la hora que le pareció, entró en el pueblo y en casa de don Quijote, la cual halló toda alborotada;° y estaban en ella el cura° y el barbero del lugar, que eran grandes amigos de don Quijote, a quienes estaba diciéndoles su ama a voces:

—¿Qué le parece a Ud., señor licenciado° Pero Pérez —que así se llamaba el cura—, de la desgracia de mi señor? Tres días hace que no parecen él, ni el rocín, ni la adarga, ni la lanza, ni las armas. ¡Desventurada° de

---

alborotada in an uproar, excited
cura priest

licenciado licentiate (*title of respect*)

Desventurada Unlucky

mí que me doy a entender que estos malditos libros de caballerías que él tiene y suele° leer tan de ordinario le han vuelto el juicio!

La sobrina decía lo mismo, y aun decía más: que los libros debían de ser quemados.°

—Esto digo yo también —dijo el cura—, y a fe° que no se pase el día de mañana sin que de ellos no se haga auto público,° y sean condenados al fuego,° para que no den ocasión a quien los lea de hacer lo que mi buen amigo ha hecho.

El labrador y don Quijote estaban oyendo todo esto, con que acabó el labrador de entender la enfermedad de su vecino.

El labrador llamó a voces y todos salieron de la casa. Don Quijote les dijo:

—Vengo mal herido, por la culpa de mi caballo. Llévenme a mi lecho, llámese a la sabia Urganda para que cure mis heridas.

Lo llevaron a la cama y buscaron las heridas, pero no hallaron ninguna. Él dijo que todo era molimiento,° por haber sufrido una gran caída con Rocinante, su caballo, combatiéndose con diez jayanes,° los más desaforados° y atrevidos que se pudieran hallar en gran parte de la tierra.

Le hicieron a don Quijote mil preguntas, y a ninguna quiso responder otra cosa sino que le diesen de comer y lo dejasen dormir, que era lo que más le importaba. Se hizo así, y el cura se informó muy a la larga° del labrador del modo que había hallado a don Quijote.

El labrador se lo contó todo, con los disparates que al hallarlo había dicho, que fue poner más deseo en el cura de hacer lo que otro día hizo, que fue llamar a su amigo el barbero maestro Nicolás, con el cual se vino a casa de don Quijote.

Comprensión

A. Contesta las siguientes preguntas.

1. ¿Cómo se llamaba el cura?
2. ¿Cuánto tiempo hacía que don Quijote estaba fuera de su casa?
3. Según el ama, ¿cómo había perdido el juicio don Quijote?

---

suele has the habit of
quemados burned
a fe in faith

auto público public judgment or sentence
fuego fire
molimiento bruises

jayanes robust men
desaforados lawless
a la larga at length

4. ¿Qué idea tenía la sobrina?
5. ¿Por qué quería el cura quemar los libros de don Quijote?
6. ¿Cómo entendió por fin el labrador la enfermedad del hidalgo?
7. ¿Adónde llevaron a don Quijote?
8. ¿Tenía muchas heridas nuestro hidalgo?
9. Según don Quijote, ¿cómo había recibido estos golpes?
10. ¿Cómo contestó don Quijote a las preguntas que le hicieron?

B. Pon en orden cronológico (1–5) las siguientes afirmaciones.

___ Los amigos de don Quijote conversan sobre los libros de él.
___ Los amigos se enteran de cómo don Quijote quedó herido.
___ El labrador lleva a don Quijote a la casa de éste.
___ Don Quijote pide reposo.
___ Los amigos deciden que los libros de don Quijote deben ser destruidos.

C. ¿Qué opinas?

1. Si fueras el labrador vecino, ¿cómo habrías tratado a don Quijote —habrías sido su compañero o lo habrías ignorado por completo? ¿Por qué?
2. ¿Qué te parece la idea de quemar libros? Explica tu punto de vista.

Antes de leer: *¿Puede ser peligroso un libro? ¿Por qué crees que han sido prohibidos algunos libros?*

Capítulo VI

Del gran escrutinio° que el cura y el barbero hicieron en la librería de don Quijote

Cuando el cura y el barbero volvieron a la mañana siguiente a la casa de don Quijote, éste dormía aún.

El cura pidió a la sobrina las llaves del aposento° donde estaban los libros autores del daño,° y ella se las dio de muy buena gana.°

Entraron dentro todos, y el ama con ellos, y hallaron más de cien libros grandes, muy bien encuadernados,° y otros pequeños.

Y así como el ama los vio, salió del aposento con gran prisa, y volvió luego con una escudilla° de agua bendita° y un hisopo,° y dijo:

—Tome, señor licenciado; rocíe° este aposento, no esté aquí algún encantador° de los muchos que tienen estos libros, y nos encanten.°

La simplicidad del ama causó risa al licenciado, y mandó al barbero que le fuese dando de aquellos libros uno a uno, para ver de qué trataban y si podía hallar algunos que no mereciesen° castigo de fuego.

—No —dijo la sobrina—, no hay para qué perdonar a ninguno, porque todos han sido los dañadores.° Será mejor arrojarlos° por las ventanas al patio y hacer un rimero° de ellos y pegarles fuego;° y si no, llevarlos al corral y allí se hará la hoguera,° y no ofenderá el humo.°

El ama dijo lo mismo, tal era la gana que las dos tenían de la muerte de aquellos inocentes; mas el cura no vino en ello sin primero leer siquiera los títulos.

---

escrutinio scrutiny, examination	**bendita** holy, blessed	**dañadores** offenders
aposento room	**hisopo** sprinkler *(for holy water)*	**arrojarlos** to throw them
daño damage	**rocíe** sprinkle	**rimero** pile
de muy buena gana very willingly	**encantador** sorcerer	**pegarles fuego** to set fire to them
encuadernados bound	**encanten** bewitch	**hoguera** bonfire
escudilla large cup	**no mereciesen** might not deserve	**humo** smoke

Comprensión

A. Contesta las siguientes preguntas.

1. ¿Qué hacía don Quijote cuando el cura y el barbero volvieron a su casa?
2. ¿Para qué necesitaba las llaves el cura?
3. ¿Quiénes entraron en la biblioteca?
4. ¿Cómo eran los libros?
5. ¿Por qué se rió el cura?
6. ¿Qué le mandó el cura al barbero?
7. ¿Qué querían hacer con los libros? ¿Y dónde pensaban hacerlo?

B. Indica si las siguientes oraciones son ciertas (C) o falsas (F). Corrige la información falsa y cita las palabras o frases del cuento que apoyan la información.

1. El ama de don Quijote era supersticiosa, pues creía que los libros tenían poderes mágicos.
2. En la librería de don Quijote había unos pocos libros.
3. Don Quijote recibió con gran entusiasmo al cura y al barbero.
4. La sobrina de don Quijote se negó a darles las llaves al cura y al barbero.
5. El ama insistió en que había que guardar los libros en el patio de la casa.
6. El licenciado resolvió quemar inmediatamente todos los libros.

C. ¿Qué opinas?

Cervantes satiriza las novelas de caballerías por medio de don Quijote de la Mancha. Si fueras escritor o escritora, ¿qué aspecto de la sociedad satirizarías?

———■◆■———

Quemaron los libros de nuestro hidalgo

El barbero le dio al cura los libros uno a uno. Éste, a la vez, entregó° todos los de caballerías con la excepción de *Los cuatro de Amadís de Gaula*, a las dos mujeres, que los tiraron por la ventana abajo al corral. El cura guardó *Amadís de Gaula* por ser la mejor de las novelas de caballerías. También guardó los mejores libros que no trataban de la caballería.

(Por supuesto,° Cervantes empleó este método interesante para criticar las obras literarias del Siglo de Oro de España.)

Estando en esto, don Quijote se despertó y comenzó a dar voces.

Por acudir a este ruido, no se pasó adelante con el escrutinio de los demás libros que quedaban; y así, se cree que fueron al fuego, sin ser vistos.

Cuando llegaron a don Quijote, ya él estaba levantado de la cama, y proseguía en sus voces y en sus desatinos,° dando cuchilladas° y reveses° por todas partes. Por fuerza lo volvieron al lecho; y después de que se hubo sosegado° un poco, pasó un rato hablando con el cura.

Entonces le dieron de comer, y él se quedó otra vez dormido, y ellos admirados de su locura.

Aquella noche el ama quemó cuantos libros que había en el corral y en toda la casa, y tales debieron de arder° que merecían guardarse en perpetuos archivos;[1] y así, se cumplió el refrán en ellos de que pagan a las veces justos por pecadores.°[2]

---

entregó handed over	**cuchilladas** thrusts	**arder** to burn
Por supuesto Of course	**reveses** counterthrusts	**pecadores** sinners
desatinos wildness	**sosegado** quieted down	

[1] *merecían . . . archivos:* This means that some of the books had merit and deserved to be stored and kept forever.

[2] This saying underlines the fact that the books that had merit faced the same fate as those that, in Cervantes's opinion, were worthless.

Comprensión

A. Contesta las siguientes preguntas.

1. ¿Qué hizo el barbero?
2. ¿A quiénes entregó el cura los libros de caballerías? ¿Cuál fue la excepción?
3. ¿Qué hicieron las mujeres con los libros?
4. ¿Qué otros libros guardó el cura? ¿Por qué?
5. ¿Qué hacía don Quijote cuando llegaron a su cuarto?
6. ¿Qué hizo don Quijote después de comer?
7. ¿Qué pensaban de su locura?
8. ¿Qué libros quemó el ama aquella noche?

B. ¿Qué opinas?

¿Qué constituye un gran libro? ¿Qué diferencia hay entre un gran libro y un libro popular? ¿Puedes nombrar dos o tres grandes libros? ¿Por qué los consideras grandes?

Antes de leer: *En este capítulo vas a conocer al escudero de don Quijote. Mientras lees estos episodios, piensa en lo que simboliza Sancho Panza y cómo su carácter complementa el de don Quijote.*

Capítulo VII

Don Quijote obtuvo un escudero

Uno de los remedios que el cura y el barbero dieron para el mal de su amigo fue que le murasen° y tapiasen° el aposento de los libros, y que le dijesen que un encantador se había llevado el aposento y todo; así fue hecho con mucha presteza.°

Don Quijote creyó lo que le dijeron y estuvo quince días en casa muy sosegado.

En este tiempo don Quijote solicitó a un labrador vecino suyo, hombre de bien (si es que este título se puede dar al que es pobre) pero de muy poca sal en la mollera.° Tanto le dijo, tanto le persuadió y prometió que el pobre villano se determinó a salirse con él y servirle de escudero.

Entre otras cosas don Quijote le decía que se dispusiese° a ir con él de muy buena gana, porque tal vez le podía suceder aventura que ganase alguna ínsula,° y le dejase a él por gobernador de ella. Con estas promesas y otras tales, Sancho Panza, que así se llamaba el labrador, dejó a su mujer e hijos y asentó° por escudero de su vecino.

Don Quijote dio luego orden de buscar dineros, y vendiendo una cosa y empeñando° otra, llegó a una razonable cantidad.

Avisó° a su escudero Sancho del día y la hora que pensaba ponerse en camino, para que él se acomodase de lo que era menester; sobre todo, le aconsejó que llevase alforjas.°

Sancho dijo que sí las llevaría y que también llevaría un asno muy bueno que tenía, porque él no estaba ducho° de andar mucho a pie.

---

murasen wall up
tapiasen seal, block up
presteza hurry, quickness
de . . . mollera of very little intelligence

se dispusiese prepare, get ready
ínsula island
asentó agreed to become
empeñando pawning

Avisó He notified
alforjas saddlebags
ducho skillful, expert at

Don Quijote también se proveyó° de camisas y de las demás cosas que pudo, conforme al° consejo que el ventero le había dado.

Comprensión

A. Contesta las siguientes preguntas.

1. ¿Qué hicieron el cura y el barbero a la biblioteca? ¿Cómo se lo explicaron a don Quijote?
2. ¿Quién es el escudero que escogió don Quijote?
3. ¿Qué modo de transporte usaba el escudero?
4. ¿Cuál fue el primer deber del escudero?
5. ¿Qué sacrificó el escudero por servir a don Quijote?
6. ¿Crees que Sancho es más astuto que su amo? Explica.

B. ¿Qué opinas?

1. ¿Piensas que Sancho Panza posee las cualidades necesarias para ser un buen escudero? ¿Por qué? ¿Qué cualidades buscas en tus amigos?
2. Imagina que eres director o directora de cine. Quieres hacer una película de esta novela. ¿A qué actores escogerías para los papeles principales? Comparte tus selecciones con la clase. ¿Quiénes son los actores más populares?

---

se proveyó provided himself   **conforme al** according to

Se salieron del lugar sin que nadie los viese.

La aventura de los molinos de viento

Hechos todos los preparativos, sin despedirse Sancho Panza de sus hijos y mujer, ni don Quijote de su ama y sobrina, una noche se salieron del lugar sin que persona los viese; en la cual caminaron tanto, que al amanecer° se tuvieron por seguros° de que no los hallarían aunque los buscasen.

Descubrieron treinta o cuarenta molinos de viento° que hay en aquel campo.

—Amigo Sancho —dijo don Quijote—, allí hay treinta o más gigantes, con quienes pienso hacer batalla y quitarles a todos la vida.°

—¿Qué gigantes? —dijo Sancho Panza.

—Aquéllos que allí ves —respondió su amo.

—Mire Ud. —respondió Sancho—, que aquéllos no son gigantes, sino molinos de viento.

—Bien parece —respondió don Quijote—, que no estás cursado° en esto de las aventuras: ellos son gigantes; y si tienes miedo, quítate° de allí, y ponte en oración en el espacio que yo voy a entrar con ellos en fiera° y desigual batalla.

Y diciendo esto, dio de espuelas a su caballo Rocinante, sin atender° a las voces que su escudero le daba que eran molinos de viento, y no gigantes, aquéllos que iba a acometer.°

Bien cubierto de su rodela,° con lanza en el ristre,° don Quijote arremetió a todo galope de Rocinante y embistió° con el primer molino que estaba delante; y dándole una lanzada en el aspa,° la volvió el viento con tanta furia que hizo la lanza pedazos, llevándose tras sí al caballo y al caballero, que fue rodando muy maltrecho por el campo.

Sancho Panza le ayudó a subir sobre Rocinante y fueron en busca de más aventuras.

---

amanecer dawn	**quitarles a todos la vida**	**acometer** to attack
se tuvieron por seguros	to kill them all	**rodela** shield
they felt sure	**cursado** versed	**ristre** socket, lancerest
molinos de viento wind-	**quítate** go away	**embistió** entangled
mills	**fiera** fierce	**aspa** sail (*of a windmill*)
	atender to heed	

Comprensión

A. Contesta las siguientes preguntas.

1. ¿Se despidió Sancho Panza de su familia?
2. ¿Se despidió don Quijote de su ama y sobrina? ¿Por qué?
3. Al amanecer, ¿de qué estaban seguros los dos?
4. ¿Qué vieron en el campo?
5. ¿Qué pensaba don Quijote que eran? ¿Y qué le contestó Sancho?
6. ¿Con qué molina embistió?
7. ¿En qué parte le dio una lanzada?
8. En esto, ¿qué hizo el viento? ¿Qué pasó?
9. ¿Cómo le ayudó Sancho Panza a don Quijote?

B. ¿Qué opinas?

1. *Don Quijote de la Mancha* ha sido traducido a muchísimos idiomas y leído por muchas generaciones. ¿A qué se debe su éxito?
2. ¿Te gustó esta novela? Explica por qué sí o no.

Vocabulario

The Spanish-English *Vocabulario* presented here represents the vocabulary as it is used in the context of this book.

Nouns are given in their singular form followed by their definite article only if they do not end in **-o** or **-a.** Adjectives are presented in their masculine singular form followed by **-a.** Verbs are given in their infinitive form followed by the reflexive pronoun **-se** if it is required; by the stem-change **(ie), (ue), (i), (u);** or by the orthographic change **(c), (gu), (qu).** Another common pattern among certain verbs is the irregular **yo** form; these verbs are indicated as follows: **(j), (y), (z), (zc).** Finally, verbs that are irregular in several tenses are designated as **(IR).**

A
abrazar (c) to embrace, hug
abreviar to abbreviate, shorten
abrumar to crush, overwhelm
abundancia abundance
acabar de to finish, have just
acertar (ie) a to happen to
acometer to attack, assault
acomodarse de to arrange for
acordarse (ue) de to remember, recall
acrecentar (ie) to increase
acto público public judgment or sentence
acudir a to go to, move toward
adarga shield
adelante farther, ahead
ademán, el gesture, attitude
admirado, -a astonished
afición, la affection, fondness, love
afirmar to affirm, state
  afirmarse to steady oneself
agradecer (zc) to thank, be thankful
agravio insult, affront, offense
aguardar to wait for, await
airado, -a angry, furious
alba, el (*f.*) dawn
alborotar to disturb, agitate
alcaide, el governor of a castle
aldea village
alforja saddlebag

alimento food
alma, el (*f.*) soul
alumbrar to light, illuminate
alzar (c) to raise
ama, el (*f.*) housekeeper
amanecer, el dawn
amén de besides
amenazar (c) to threaten
amo master
andar (IR) to walk
  andar enamorado to be in love
anochecer, el dusk, nightfall
anochecer (zc) to grow dark
ante before, in front of
antojarse to desire earnestly, fancy
añadir to add
apartarse de to withdraw from
apearse to alight, dismount
apodo nickname
aposento room, lodging
apretar (ie) to squeeze
árbol, el tree
arcaico, -a archaic, old
archivo archive, file
arder to burn
armarse to arm oneself
armas arms, weapons
armazón, la knighting
arremeter a to spur
  arremeter con to charge
arrendar (ie) to tie, hitch (*a horse*)

arreo dress, ornamentation
arriero muleteer
arrimar a to lean against
arrojar to throw
asaltar to assail, assault, occur
   suddenly
asentar (ie) to put in writing, record
asentir (ie) (i) to agree, consent
así so, in this way
asir to seize, grasp
asno donkey
aspa, el (*f.*) sail of a windmill
astilla splinter (*of wood*)
atar to tie
atender (ie) a to pay attention to
atrevimiento daring, boldness
atribuir (y) to attribute to
aumento increase
aun even (*adv.*)
aún still, yet
aunque even though, although
autor, el author
avadar to become fordable
avisar to let know, notify
azote, el whip, lash with a whip

B
bacalao codfish
barbero barber
barra bar
barrunto guess, conjecture, inkling
bastar to be enough, sufficient
bellaquería knavery, roguery
bisabuelo great-grandparent
blanca old copper coin
blandir to brandish, flourish
bosque, el forest
brevedad, la shortness, brevity
   con la mayor brevedad as soon
      as possible
burla antic, joke
burlón, -ona mocking
búsqueda search

C
caballería chivalry, knighthood
caballeriza stable
caballero knight, nobleman,
   gentleman
   caballero andante knight errant
cabestro halter (*of a horse*)
cabo end, tip
   al cabo finally
caer (IR) to fall
caluroso, -a hot
calzar (c) to put on the feet
camino road
   ponerse en camino to set out,
      take off (*on a trip*)
camisa shirt
campo country(side), field
cansarse to get tired
caña straw, reed
capilla chapel
carga load
cartón, el cardboard
castigar (gu) to punish
castillo castle
caza hunting
cebada barley
celada helmet
célebre famous
cena dinner, meal
ceñir (i) to gird, fasten
choza hut, lodge, cabin
cinta ribbon
citar to quote, mention
cobarde, el coward
cocer (ue) (z) to cook
comenzar (ie) (c) to begin
compañero colleague, companion
complacer (zc) to please, humor
complexión, la constitution, build,
   make-up
comportar to suffer, tolerate
concluir (y) to end
confesar (ie) to admit, acknowledge

confiar en to trust, be confident in
conforme a consistent with, according to
conseguir (i) to obtain
consejo advice
consentir (ie) (i) to agree, give in
constancia constancy, steadfastness
contentarse con to be contented, happy with
continente, el countenance, air
contornos surroundings, environs
convenible convenient, appropriate
convertirse (ie) (i) en to become, change into
corral, el stockyard, corral
corregir (i) (j) to correct
creer (y) to think, believe
criado male servant
cuanto más much less
cuchillada cut or slash with a knife
cuello neck
cuento short story
cuerpo body
culpa fault
cumplir to fulfill, comply with
cura, el priest
cursar to study, devote oneself to

D
dama lady
dañador, -ora damaging, offending
dañar to hurt, harm, injure
dar (IR) to give
   dar de espuelas to spur
   dar parte a to report, inform
   dar voces to shout
   darse a to devote oneself to
   darse prisa to hurry, hasten
deber to ought, should; to owe
declarar to declare, state
dejar to stop, leave; to allow, permit
   dejar por muerto to leave for dead

demás, los/las the others, the rest
denuedo boldness, audacity
derribar to demolish, tear down
desaforado, -a disorderly, outrageous, lawless
desarmar to disarm
desatar to untie
desatino folly, silliness, nonsense
descanso rest
descomunal uncommon
descortés impolite, discourteous
descubrir to notice
descuido carelessness
desgracia disgrace, misfortune
deshacer (IR) to undo
desigual unequal
desnudo, -a nude, bare
despedirse (i) de to say good-bye to
desventurado, -a unlucky
detenerse (IR) to stop
determinar to decide
diente, el tooth
discreción, la tact, good sense, prudence
discreto, -a shrewd; tactful
disculparse de to apologize for
disparate, el crazy idea, foolish remark or act
disponer (IR) to prepare, get ready
doncella maiden
dondequiera anywhere, wherever
dormir (ue) (u) to sleep
ducho, -a expert, skillful
dueño master, owner

E
echar to pour
   echar de ver to notice
edad, la age
ejercitarse to put into practice
embarazo impediment, obstacle
embestir (i) to attack, rush against
empeñar to pawn, pledge

enamorarse de to fall in love with
encantador, el sorcerer
encantar to bewitch, put under a spell
encargar (gu) to burden
encerrar (ie) to lock, shut up
encina oak tree
encuadernado, -a bound (*book*)
encuentro encounter
enfermedad, la sickness, illness
engañarse to deceive, cheat
enjuto, -a lean, skinny
enojo anger
ensillar to saddle
entendido, -a understood
entregar (gu) to hand over, deliver
entretanto meanwhile
escrutinio scrutiny, examination
escuderil of a squire, squirelike
escudero squire
escudilla bowl, large cup
escuro, -a (*obsolete*) dark, obscure
espada sword
espaldar, el backplate (*of armor*)
espaldarazo slap, blow on the back
esperar to wait; to expect
espuela spur
estribo stirrup
extraño, -a strange

F
faltar to be lacking, missing
fatigar (gu) to bother, annoy
fe, la faith
   a fe in faith
feo, -a ugly
fiero, -a fierce, wild
flaco, -a thin
fortaleza fortress
fresco fresh breeze, open air
frisar con to border on
fuego fire
fuera distant

G
gana desire, inclination
   de muy buena gana very willingly
gastar to spend, waste
género kind, class
gente, la people
gentil courteous
gigante, el giant
golpe, el blow, knock
gracioso, -a amusing, charming
guardarse to save, keep
guiar to guide

H
hacer (IR) to do, make
   hacer pedazos to tear or break into pieces
   hacerse to become
hallar(se) to find (oneself)
hecho, -a done, made
herida wound
herir (ie) (i) to wound
hidalgo gentleman
hierro iron
hincar(se) (qu) to kneel
   hincar de rodillas to sink to one's knees
hisopo hyssop, sprinkler for holy water
hoguera bonfire
hoja leaf
honra, la honor
honrar to honor
huésped, el host; guest
humildad, la humility, humbleness
humo smoke

I
importar to matter, be of importance
insolencia insolence, contempt
ínsula island

J
jamás never, ever
jayán, el big, strong brute; tough guy
juicio judgment, sense
jumento donkey
junto a next to, beside
justo (*n.*) just, righteous
juzgar (gu) to judge

L
labrador, el peasant, laborer
labradora peasant, laborer
lecho bed
levantar to raise
    levantarse to get up, stand up
ley, la law
librarse to free oneself
licenciado licentiate
lid, la combat, fight
ligar (gu) to tie, bind
limpiar to clean
linaje, el lineage, race
llave, la key
llegar (gu) to arrive
lleno, -a de full of
llover (ue) to rain
locura madness, insanity
lugar, el place

M
madrugador, el early riser
malandrín, el scoundrel, rascal
maldito, -a accursed, wretched
maltrecho, -a battered, abused, in bad condition
manada flock
manida den, haunt
mandar to order
mas but
más more
matar to kill
medroso, -a fearful, timid

menester necessary
menesteroso needy person
mentir (ie) (i) to lie
mercader, el merchant, trader
merecer (zc) to deserve, merit
miedo fear
mitad, la half, middle
moler (ue) to wear out or down
molimiento bruises resulting from a beating
molino mill
    molino de viento windmill
mollera brains, sense
morir (ue) (u) to die
mostrar (ue) to show
moza lass, maiden
mozo lad
mudanza change
muerto, -a dead
    dejar por muerto to leave for dead
    muerto de hambre starving, very hungry
mugriento, -a dirty, greasy
mujer, la woman; wife (*colloquially*)
murar to wall up or in
murmurar entre dientes to mutter, mumble

N
notorio, -a evident, well known
novel, el novice
nudo knot
nuevo, -a new
    de nuevo again

O
obedecer (zc) to obey
ocioso, -a idle, lazy
oficio job, office
oír (IR) to hear, listen
opinar to have an opinion
oración, la prayer

orden, el order (*chronological*)
orden, la order (*command or
    military order*)
orilla shore
oscuro, -a dark, obscure
oveja sheep

P
paja straw
palo stick; blow
para que in order to, so that
pararse to stop
parecer, el opinion
parecer (zc) to seem
pasar to happen, pass
pasear(se) to walk up and down
patria homeland
pecador, el sinner
pecho chest
pedazo piece
pedir (i) to ask for
pegar (gu) fuego to set on fire
pelear to fight
pensamiento thought
peor worse, worst
perder (ie) to lose
perdonar to pardon, forgive
perpetuo, -a perpetual, everlasting
persuadir to persuade
pesar, el regret
    a pesar de in spite of
peso weight
peto breastplate
picar (qu) to spur
pieza piece
pila trough
poder (IR) to be able
poema, el poem
polvo dust
pomposo, -a pompous, arrogant
poner (IR) to put, place
    poner la mesa to set the table
    poner en efecto to carry out

poner nombre to name
ponerse en camino to set out,
    take off (*on a trip*)
puesto, -a (*past participle*) in
    place, put
posada lodging
pozo well
preparativo preparation
presteza quickness
pretina belt
prevención, la preparation,
    precaution
pro for
    en pro de on behalf of, in
    favor of
probar (ue) to test
procurar to try, strive
proeza prowess, stunt, deed
prohibido, -a forbidden, prohibited
prometer to promise
propietario owner
proponerse (IR) to propose to do
    something
propósito purpose
proseguir (i) to carry on, continue
proveerse (y) de to provide oneself
    with

Q
quedar to be
    quedarse to remain
quejarse to complain
quemar to burn
querer (IR) to want
quitar to take off or away
    quitar la vida to kill
    ¡Quítate! Go away!
quitasol, el parasol, sunshade

R
ración, la portion, serving
ralea breed, kind
rato short time

razón, la reason, motive, cause
recibir to receive
recio, -a strong, vigorous
reconciliar to reconcile
recua herd
refrán, el proverb, saying
rematar to finish, terminate, destroy
   completely
remedio remedy, cure
reparar to mend, repair
   repararse con to defend, guard
      oneself with
replicar (qu) to answer, retort
responder to respond, answer
restar to be left, remain
retirar to remove, take away
retrato portrait, picture
reventar(se) (ie) de risa to burst
   out laughing
revés, el counterthrust, backhanded
   blow
rezar (c) to pray
rienda rein
rimero heap, pile
ristre, el socket (for a lance)
rocín, el nag, workhorse
rodar (ue) to roll
rodela buckler, shield
rodilla knee
romance, el ballad
rostro face
ruido noise
ruin despicable, contemptible,
   heartless

S

sangre, la blood
satirizar (c) to satirize, make fun of
satisfecho, -a satisfied
seco, -a lean, lank
   a secas merely, simply
seda silk
seguir (i) to continue; to follow

señal, la sign, mark
ser (IR) to be
   ser menester to be necessary
   ser preciso to be necessary
sí mismo himself
sierra mountain range
siglo century
   Siglo de Oro Golden Age
significativo, -a meaningful,
   significant
siguiente next, following
sino but
sin par peerless, matchless
siquiera at least
soberbio, -a haughty, arrogant
sobrenombre, el surname; nickname
sobrina niece
socarrón, -ona cunning, sly
soldada pay, wages, salary
soler (ue) to be used to, accustomed
   to
solicitar to ask for, request
sólo only
   no sólo . . . sino not only . . .
      but also
soltar (ue) to let go of, drop
son, el sound
sonoro, -a loud
sosegado, -a calm, quiet
sosegar (ie) (gu) to quiet down,
   calm down
subir to get on
suceder to happen, occur
suelo ground; floor
suplicar (qu) to implore, beg,
   entreat

T

talle, el figure, stature
tapiar to wall in, block up, seal
tempestad, la storm, tempest
tender (ie) to stretch out
   tender a to tend to

tener (IR) to have
    tener a raya to keep at bay, be restrained
    tener cuidado de to be careful with, take care of
    tener la risa to keep from laughing
    tener que to have to
tirar to throw
titubear to hesitate
toledano, -a from Toledo
tomarse to take on
toparse to run across, encounter
traer (IR) to bring
tras after
tratar de to be about
trecho distance, space
trigo wheat
tropel, el crowd, group
tropezar (ie) (c) to stumble, trip

U
usanza use, usage

V
valioso, -a valuable
valor, el value, worth
vecino neighbor
vela vigil, watch; candle
velar to watch, keep watch over
venir (IR) to come
    venir de molde to be just right
venta inn
ventero innkeeper
ventura good fortune, fate
ver to see
    verse to find oneself
verdad, la truth
viento wind
vil common, base
villano peasant
visera visor
vivir to live
vivo, -a alive

volver (ue) to return; to turn
    volver el juicio to drive insane
voz, la voice
    dar voces to shout
vuelta return
vuestra merced sir, your honor, you

Y
yegua mare